COLLECTION DE M. HENRI MOREL

VENTE

DE

DESSINS

DE

MAITRES MODERNES

PARIS

TYPOGRAPHIE GEORGES CHAMEROT

19, rue des Saints-Pères, 19

CATALOGUE

DE

DESSINS

DE

MAITRES MODERNES

PROVENANT DE LA

COLLECTION DE M. HENRI MOREL

DONT LA VENTE AURA LIEU

HOTEL DES VENTES, 9, RUE DROUOT

SALLE N° 5

Le Lundi 19 Mai 1884, à deux heures

COMMISSAIRE-PRISEUR

M. QUÉVREMONT, 46, rue Richer.

EXPERT

M. GANDOUIN, 42, rue Le Peletier.

CHEZ LESQUELS SE DISTRIBUE LE CATALOGUE

EXPOSITION

LE DIMANCHE 18 MAI, DE 1 HEURE A 5 HEURES

CONDITIONS DE LA VENTE

Elle sera faite au comptant.

Les acquéreurs paieront *cinq pour cent* en sus du prix d'adjudication.

L'exposition mettant le public à même de se rendre compte des objets, aucune réclamation ne sera admise, une fois l'adjudication prononcée.

DESSINS

BAC

BAC

9. Rallye paper.

10. Promenade d'automne en Normandie.

11. A Bougival.

12. Un Cocher russe.

13. La Femme à l'ombrelle.

BAKALOWICKZ

14. La Confection d'un bouquet.

BALLAVOINE (J.)

15. L'Éplorée.

BARILLOT

16. Coup de vent aux bords de la Manche.

17. Le Chien mouton.

BEAUMONT (DE)

18. Dernier froid.

BEAUVAIS

19. Bergère. Souvenir du Berry.

20. Le Moulin à vent.

BEAUVERIE

21. Paysanne.

BEERS (Jan van)

22. Les Clown women.

BENNER (Em.)

23. Une Juive.

BERAUD (Jean)

24. Dame aux courses.

25. Par la Pluie.

BERGERET

26. Bouquet de Fleurs.

BERTRAND (James

27. L'Automne.

BINET (A.)

28. La Pêche a-t-elle été bonne? (Aquarelle.)

BODOY

29. Le Saut de la Rivière.

BOGGS (F.-M.)

30. Port d'Isigny (Calvados).

BRIDGMAN (F.-A.)

31. Un Gardien du Sérail.

BROWN (John-Lewis)

32. En Reconnaissance. (Croquis du Salon de 1882.)

BUKOWAC

33. Un Herzégovinien. — Une Herzégovinienne.

CARAUD (J.)

34. La Soubrette.

35. Le Jardinier.

36. La Fileuse.

CLÉMENT

37. Au Harem.

COESSIN DE LA FOSSE

38. Le Printemps.

COURBOIN

39. Un Assommoir. — Scène de mœurs popu-
laires.

CRAFTY

40. L'Amazone. — Six croquis-types d'habitués
du Turf. — Quatre croquis. — Le Monde
des courses. — Cinq autres croquis. — Cinq
autres.

DELOBBE (A.)

41. Marchande d'oranges à Alger.

DETAILLE (Charles)

42. Un Écuyer.

DOMINGO

43. Le Concert. (Aquarelle.)

DUMARESQ (Armand)

44. Un Commissaire de la Convention.

EDELFELDT (A.)

45. Portrait de femme.

ESGUISQUIZA

46. Sortie de bal.

FRANÇAIS

47. Sous bois. (Croquis de son Salon de 1882.)

*

FRAIPONT (G.)

48. Retour du bois.

49. Route de Saint-Sernin-du-Bois. — Pont de
la Navière.

FRÈRE (Th.)

50. Les Pyramides d'Égypte.

GELIBERT (Gaston)

51. Le Sanglier forcé.

GIACOMOTTI

52. Clio.

GIROUX (E.)

53. Ça mord.

GOCEDA

54. Mœurs chinoises.

GŒNEUTTE (Norbert)

55. Portrait parisien.

GONZALÈS

56. Il dort. (Aquarelle.)

GOUSSAINCOURT (Louise)

57. Sur la Falaise.

GRIMELUND

58. Une Plage de Hollande.

GUILLEMET (A.)

59. Vue de Saint-Suliac (Ille-et-Vilaine).

HAGBORG

60. Une Femme de pêcheur. Souvenir de Nor-
     mandie.

HEULLANT (A.)

61. Aux Bains de mer.

INCONNU

62. Une Fleur des champs.

JIMENEZ

63. Femme sur son lit.
64. Un Garde-noble du pape (Plume.)
65. Personnage assis (Croquis du tableau du Salon de 1882.)

LE ROUX (Hector)

66. Le Tibre.

LÉVY (Henri)

67. Hérodiade. (Fusain.)

MAIGNAN (Albert)

68. Le Fils Dutitien.

MARIE (ADRIEN)

69. Costume japonais.

MARS

70. La Saint-Valentin en Angleterre. (Plume.)

71. Mademoiselle Printemps.

72. Trois croquis, plage de Trouville.

73. La Marée montante.

74. Juvenile party.

75. Aux Acacias.

76. La Jeune Fille à l'ombrelle.

77. Portrait de Sarah Bernhardt.

78. Sept sujets concernant l'histoire de Bébé. — Bébé chez Jullien. — Exposition d'horticulture.

79. La Bonne d'enfant. — La Plage de Trouville.

80. Mme Judic dirigeant l'orchestre à la fête de l'Opéra.

81. Les Journaux du samedi.

82. La Mode. — Les Jumelles. — Le premier prix de l'Exposition canine.

83. Le five o' clock à bord d'un yacht. — Une Druidesse.

84. Le Jour de Noël.

MONGINOT (Ch.)

85. Jeune Fille au coquillage.

MOUCHOT (Ludovic)

86. Une Bacchante.

MOUCHOT (Louis)

87. La Sortie de la synagogue.

MOYSE

88. Juive d'Alger.

MURATON

89. Un Facteur des postes au XVIIIe siècle.

NITTIS (DE)

90. Type de Femme du peuple. (Plume.)

OLIVE

91. Palais à Marseille.

PABST

92. L'Alsacienne.

PEARCE

93. Deux têtes de jeunes Italiennes.

PECRUS (C.)

94. L'Arrivée au castel.

PICOU (Henri)

95. La Folie.

96. Les Recommandations de la grande sœur.

PILLE (Henri)

97. La Bûche de Noël. (Plume.) — Scène de mœurs au XVIe siècle.

98. Munich au XVIe siècle.

99. Les Anges de Noël.

100. La Cheminée de Noël.

101. Costumes d'Alsace.

PLASSAN

102. Mignon.

RICHET (Léon)

103. La Bûcheronne.

RICHTER (C.)

104. Mme Van Ghell dans le rôle de Faust.

ROCHEGROSSE

105. Le Bal de l'Opéra.

106. L'Orient et l'Occident.

107. Monaco.

108. Bébé à table.

109. Une soirée chez le Ministre.

110. La Présentation.

111. Une Soirée mondaine.

112. L'Oracle des champs au printemps.

113. Le Tour du bois.

114. Intérieur d'atelier.

115. La Sortie du Baptème.

116. La Vengeance d'une Bretonne.

ROLL (Henri-Hamel, d'après)

117. La Vache.

ROSSI (L.)

118. Une Jeune Femme.

SAINTIN (Jules-Émile)

119. Le Chiffre d'amour.

SARGENT

120. Dans la Tranchée.

SOLAR (Marie)

121. Différents Costumes. (Plume.)

122. Au concours hippique. — Grande Toilette.

123. La Confidence.

THIRION

124. L'Hallali. Croquis à la plume.)

VAN DEN BOS

125. Flirtation.

VOGEL

126. Sur le Pré.

127. Un Cabaret de Malandrins. — Le Récit au
château. — Gras et Maigre.

128. Le Rendez-Vous.

WAGREZ (Jacques)

129. L'Amour.

WEEHR (E.-L.)

130. Esclave mauresque.

WYLD (W.)

131. Les Lagunes de Venise. — Paysage d'Écosse.
— Pont du Natto à Venise.

ZUBER (H.)

132. Travaux de printemps.

Paris. — Typ. Georges Chamerot, rue des Saints-Pères, 19. — 16191.

www.ingramcontent.com/pod-product-compliance
Lightning Source LLC
LaVergne TN
LVHW021259210726
843527LV00035B/535